Impressum
Verlag: BABADADA GmbH, Nedderfeld 112 , 22529 Hamburg
Geschäftsführer / Verlagsleitung: Harald Hof
Druck: Books on Demand GmbH, In de Tarpen 42, 22848 Norderstedt

Imprint
Publisher: BABADADA GmbH, Nedderfeld 112 , 22529 Hamburg, Germany
Managing Director / Publishing direction: Harald Hof
Print: Books on Demand GmbH, In de Tarpen 42, 22848 Norderstedt

اسڪول

school

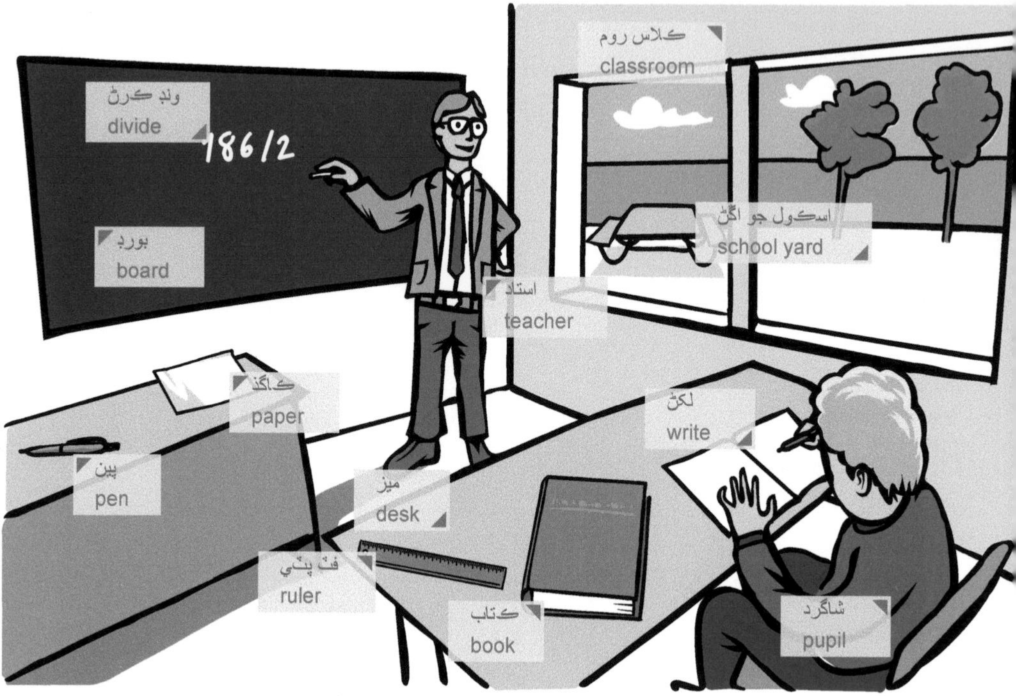
ڪلاس روم
classroom
ونڊ ڪرڻ
divide
186/2
بورڊ
board
اسڪول جو اڱڻ
school yard
استاد
teacher
ڪاگذ
paper
لکڻ
write
پين
pen
ميز
desk
فٽ پٽي
ruler
ڪتاب
book
شاگرد
pupil

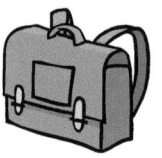

بستو

satchel

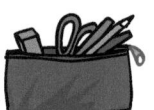

پينسل باڪس

pencil case

پينسل

pencil

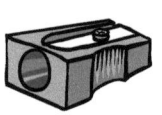

پينسل شارپنر

pencil sharpener

ربڙ

rubber

برائنگ پيڊ

drawing pad

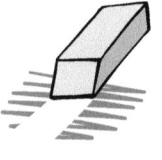

درائنگ

drawing

پینٹ برش

paintbrush

پینٹ باکس

paint box

قینچی

scissors

گئونر

glue

مشق کرن واري کاپي

exercise book

ھوم ورک

homework

12

عدد

number

2+2

جوڑ کرڻ

add

5-2

کڻ کرڻ

subtract

2×2

ضرب کرڻ

multiply

حساب کرڻ

calculate

A

خط

letter

ABCDEFG
HIJKLMN
OPQRSTU
VWXYZ

الفابيٹ

alphabet

hello

لفظ

word

مضمون

text

پڑھݨ

read

چاک

chalk

سبق

lesson

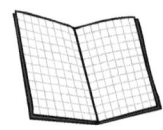

رجسٹر

register

امتحان

exam

سرٹيفيکيٹ

certificate

اسکول يونيفارم

school uniform

تعليم

education

انسائکلوپيڈيا

encyclopedia

يونيورسٹي

university

خوردبيني

microscope

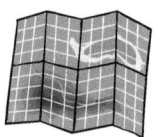

نقشو

map

ردي جي ٹوکري

waste-paper basket

هوتل
hotel

هاسٹل
hostel

رقم تبدیل کرائٹ جی آفیس
bureau de change

سوٹ کیس
suitcase

کار
car

پولی
language

ها یا نه
yes / no

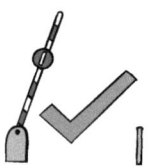

صحیح آهي
Okay

هيلو
hello

مترجم
translator

مهرباني
Thank you

هن جي قيمت گهڻي آهي.....؟

how much is…?

مون کي سمجھ ۾ نٿو اچي

I do not understand

مسئلو

problem

گڊ ايوننگ

Good evening!

صبح بخير

Good morning!

شب خير

Good night!

الوداع

bye bye

طرف

direction

سفري سامان

luggage

بيگ

bag

پويان ٻڌن وارو بيگ

backpack

مهمان

guest

ڪمرو

room

بستر وارو بيگ

sleeping bag

خيمو

tent

سياحت بابت معلومات
....
tourist information

سمندر كنارو
....
beach

كريډٹ كارډ
....
credit card

ناشتو
....
breakfast

لنچ
....
lunch

ډنر
....
dinner

ٹکٹ
....
ticket

لفٹ
....
lift

مهر
....
stamp

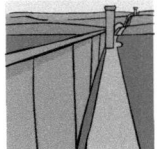

سرحد
....
border

گاهک
....
customs

سفارتخانو
....
embassy

ويزا
....
visa

پاسپورٹ
....
passport

هوائي جهاز
aeroplane

سمندري جهاز
ship

باھ واسائڻ واري گاڏي
fire engine

بس
bus

ٿرڪ
truck

موٽر بوٽ
motorboat

ڪار
car

سائيڪل
bike

فيري
ferry

بيڙي
boat

موٽر سائيڪل
motorbike

پوليس ڪار
police car

ريسنگ ڪار
racing car

رينٽل ڪار
rental car

چشنیرنگ کار

car sharing

چکٹ وارو ٹرک

breakdown truck

کچري واري ٹرک

refuse truck

کار

motor

فیول

fuel

پیٹرول اسٹیشن

petrol station

ٹریفک جا نشان

traffic sign

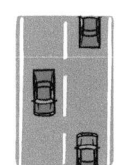

ٹریفک

traffic

ٹریفک جام

traffic jam

کار پارک

car park

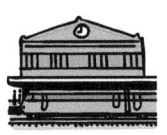

ٹرین اسٹیشن

train station

پٹڑیون

tracks

ٹرین

train

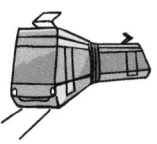

ٹرام

tram

ویگن

carriage

هيليكاپٽر

helicopter

ايئرپورٽ

airport

ٽاور

tower

مسافر

passenger

كنٽينر

container

دٻو

carton

ريڙهي

cart

ٽوكري

basket

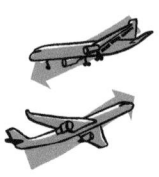

اڏرڻ / زمين تي لهڻ

take off / land

شهر

city

ڳوٺ

village

شهر جو مركز

city centre

گهر

house

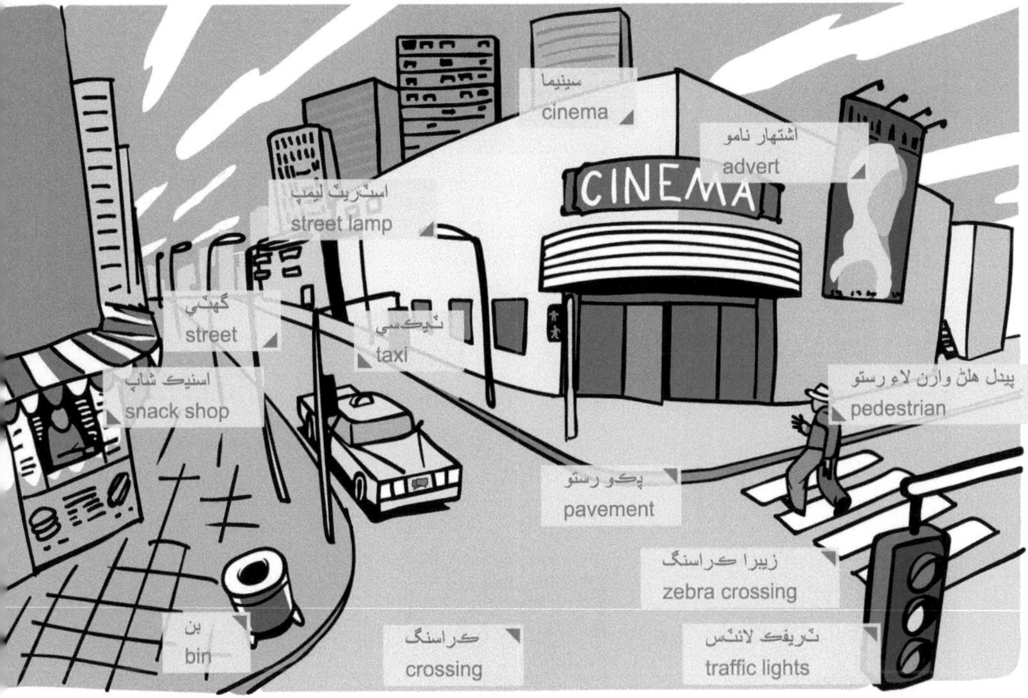

سینیما
cinema

اشتهار نامو
advert

اسټریټ لیمپ
street lamp

ګهنۍ
street

ټیکسی
taxi

CINEMA

پیدل هلڼ وارن لاء رستو
pedestrian

اسنیک شاپ
snack shop

پکو رستو
pavement

زیبرا کراسنگ
zebra crossing

بن
bin

کراسنگ
crossing

ټریفک لائنس
traffic lights

جهوپړي
hut

فلیټ
flat

ټرین استیشن
train station

ټاؤنون هال
town hall

عجائب گهر
museum

اسکول
school

يونيورسٽي
....
university

بينڪ
....
bank

اسپتال
....
hospital

هوٽل
....
hotel

فارميسي
....
pharmacy

آفس
....
office

ڪتابن جي ڪتاب
....
book shop

دڪان
....
shop

گلن جي دڪان
....
florist's

سپر مارڪيٽ
....
supermarket

مارڪيٽ
....
market

ڊپارٽمينٽ اسٽور
....
department store

مڇي جي دڪان
....
fishmonger's

شاپنگ سينٽر
....
shopping centre

بندرگاھ
....
harbour

پارک

park

بینچ

bench

پل

bridge

ڈاکن

stairs

زیرِ زمین میٹرو

underground

سرنگ

tunnel

بس اسٹاپ

bus stop

شراب خانو

bar

روسٹورینٹ

restaurant

پوسٹ باکس

postbox

اسٹریٹ سائن

street sign

پارکنگ میٹر

parking meter

چڑیا گھر

zoo

سوئمنگ پول

swimming pool

مسجد

mosque

فارم

farm

آلودگي

pollution

قبرستان

graveyard

چرچ

church

راند جو ميدان

playground

مندر

temple

زميني منظر

landscape

پتو
leaf

سائن بورڊ
signpost

رستو
way

ساوڪ واري زمين
meadow

پٿر
stone

وڻ
tree

پيادل هلڻ وارو هائيڪر
hiker

دريا
river

چير
grass

گل
flower

وادي

valley

جبل

hill

ڄينڊ

lake

گل

forest

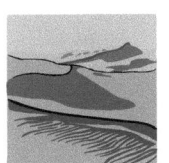

ريگستان

desert

آتش فشان

volcano

قلعو

castle

اندّلٺ

rainbow

کِيٻي

mushroom

کھجي جو وڻ

palm tree

مڇر

mosquito

مک

fly

ڪيولِي

ant

ماکي جي مک

bee

مڪڙِي

spider

ٽنڊڻ
....
beetle

ڊيڊر
....
frog

نوريئڙو
....
squirrel

ڃاهو
....
hedgehog

خرگوش
....
hare

چرو
....
owl

پکي
....
bird

بدک
....
swan

سوئر
....
boar

هرڻ
....
deer

آمريڪي هرڻ جو قسم
....
moose

ڊيم
....
dam

هوا سان هلڻ وارو ٽربائين
....
wind turbine

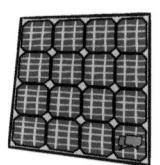

سولر پينل
....
solar panel

آب و هوا
....
climate

روسٽورينٽ

restaurant

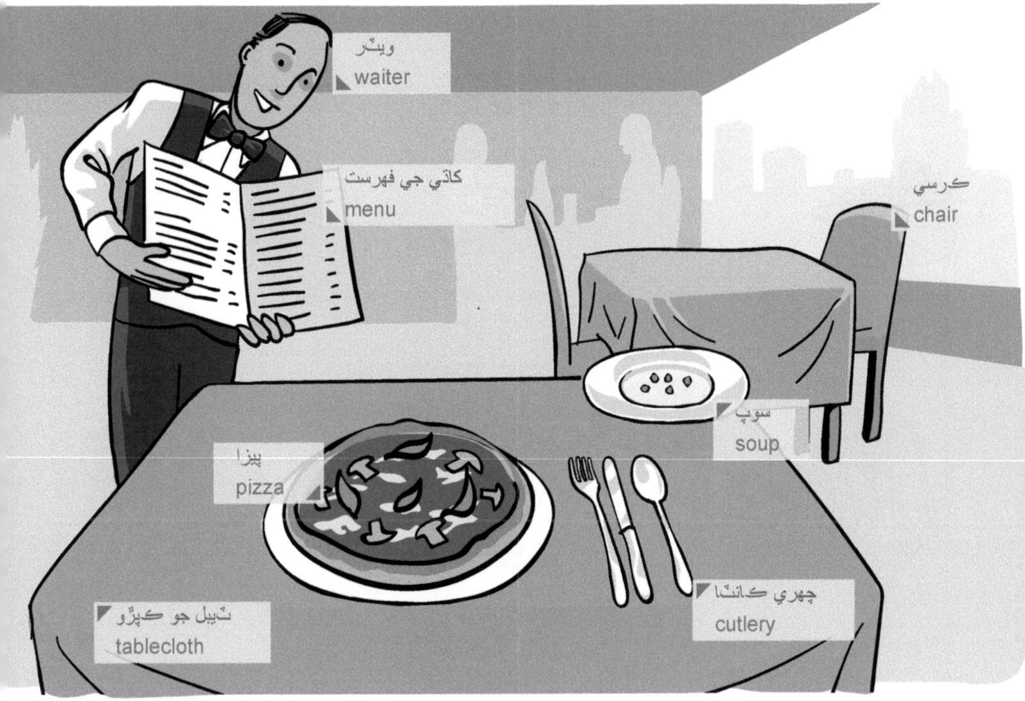
ويٽر
waiter
ڪاڌي جي فهرست
menu
ڪرسي
chair
سوپ
soup
پيزا
pizza
ڇهري ڪانٽا
cutlery
ٽيبل جو ڪپڙو
tablecloth

اسٽارٽر

starter

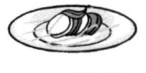

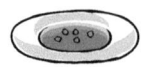

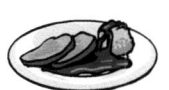

مين ڪورس

main course

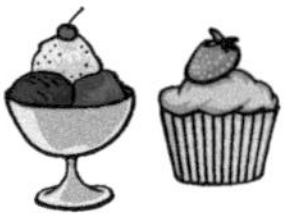

ڪاڌي ڪانپوءِ ڪائڻ وارو مٺو

dessert

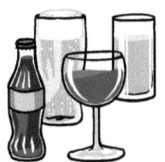

مشروب

drinks

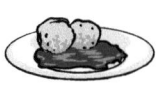

خوراڪ

food

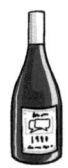

بوتل

bottle

فاسٹ فوڊ

fast food

اسٹريٽ فوڊ

street food

ڪيٽلي

teapot

شگر باؤل

sugar bowl

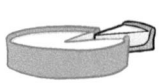

ٽڪڙو

portion

ايسپريسو مشين

espresso machine

اونچي ڪرسي

high chair

بل

bill

ٽري

tray

ڇري

knife

ڪانٽو

fork

چمچ

spoon

چانهن جو چمچو

teaspoon

سرويٽي

serviette

گلاس

glass

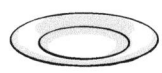

پليٽ

plate

سوپ پليٽ

soup plate

ساسر

saucer

چٽڻي

sauce

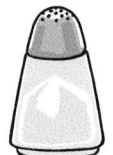

لوڻ داني

salt pot

مرچ پيس وارو

pepper mill

سرڪو

vinegar

کاڌو پچائڻ وارو تيل

oil

مصالحو

spices

ڪيچ اپ

ketchup

سرنهن

mustard

مايونيز

mayonnaise

سپر مارڪيٽ

supermarket

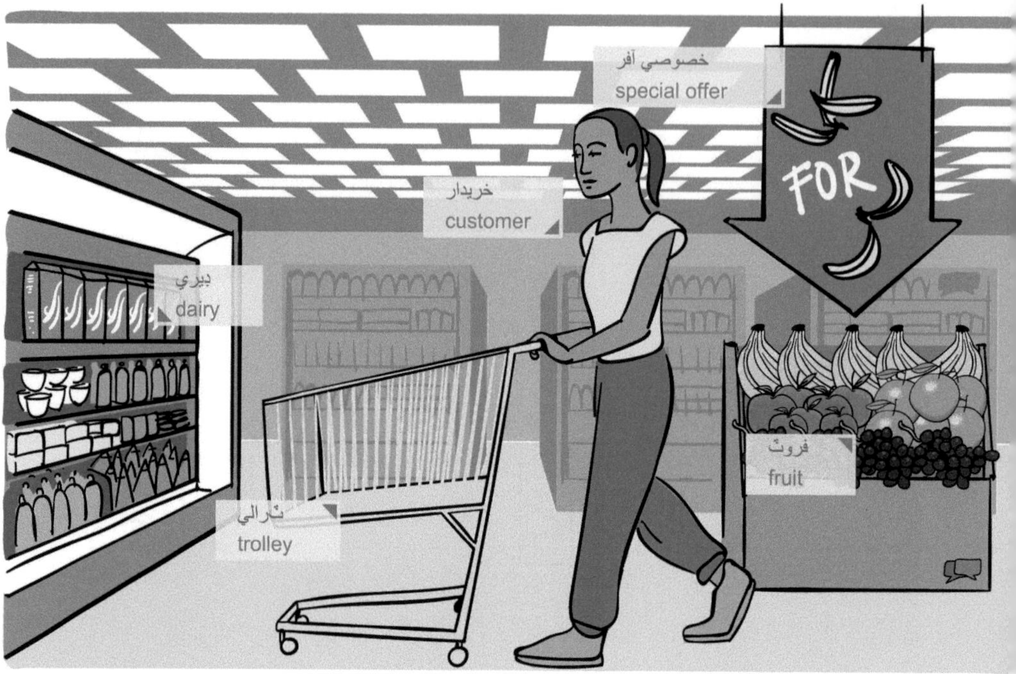

خصوصي آفر
special offer
خريدار
customer
ڊيري
dairy
FOR
ٽرالي
trolley
فروٽ
fruit

BUTCHERS

گوشت جي دڪان

butcher´s

BAKERY

بيڪري

baker´s

وزن ڪرڻ

weigh

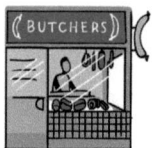

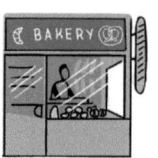

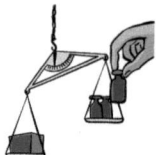

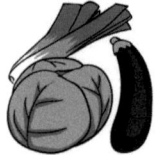

سبزيون

vegetables

گوشت

meat

ڄميل کاڌو

frozen food

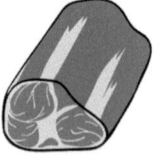

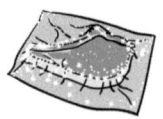

سرد گوشت

cold meat

ڈبي ۾ بند کاڏو

tinned food

واشنگ پاؤڊر

washing powder

مٺائي

sweets

گھريلو سامان

household products

صفائي کرڻ وارا پراڊڪٽس

cleaning products

سيلز پرسن

salesperson

ڪيش رجسٽر

till

خزانچي

cashier

خريداري جي فهرست

shopping list

اوقات ڪار

opening hours

پرس

wallet

ڪريڊٽ ڪارڊ

credit card

بيگ

bag

پلاسٽڪ بيگ

plastic bag

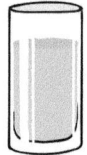

پاڻي

water

جوس

juice

کیر

milk

کوک

coke

وائن

wine

بیئر

beer

الکوهل

alcohol

کوکو

cocoa

چائي

tea

کافي

coffee

ایسپریسو

espresso

کیپیوچینو

cappuccino

كيلو

banana

صوف

apple

مالٹو

orange

خربوذو

melon

ليمون

lemon

گجر

carrot

ٹوم

garlic

بانس

bamboo

بصر

onion

كنيي

mushroom

اخروٹ، بادام

nuts

نودلز

noodles

اسپيگٽي

spaghetti

چانور

rice

سلاد

salad

چپس

chips

تريل پٽاٽا

fried potatoes

پيزا

pizza

هيم برگر

hamburger

سينڊوچ

sandwich

گوشت جو ٽڪرو

cutlet

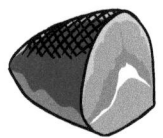

سور جي ران جو گوشت

ham

خشڪ گوشت

salami

ساسيج

sausage

مرغي

chicken

روسٽ

roast

مڇي

fish

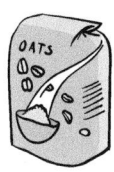

جوَ جو دليا

porridge oats

ميوزلي

muesli

كارن فليكس

cornflakes

اٽو

flour

كرونسنٽ

croissant

بريڊ رول

bread roll

بريڊ

bread

ٽوسٽ

toast

بسڪٽ

biscuits

مکڻ

butter

دهي

curd

ڪيڪ

cake

انڊا

egg

فرائي ٿيل انڊو

fried egg

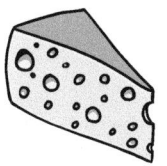

پنير

cheese

آئس كريم

ice cream

كند

sugar

ماكي

honey

مربو

jam

چاكليټ اسپريډ

chocolate spread

باجي

curry

فارم

farm

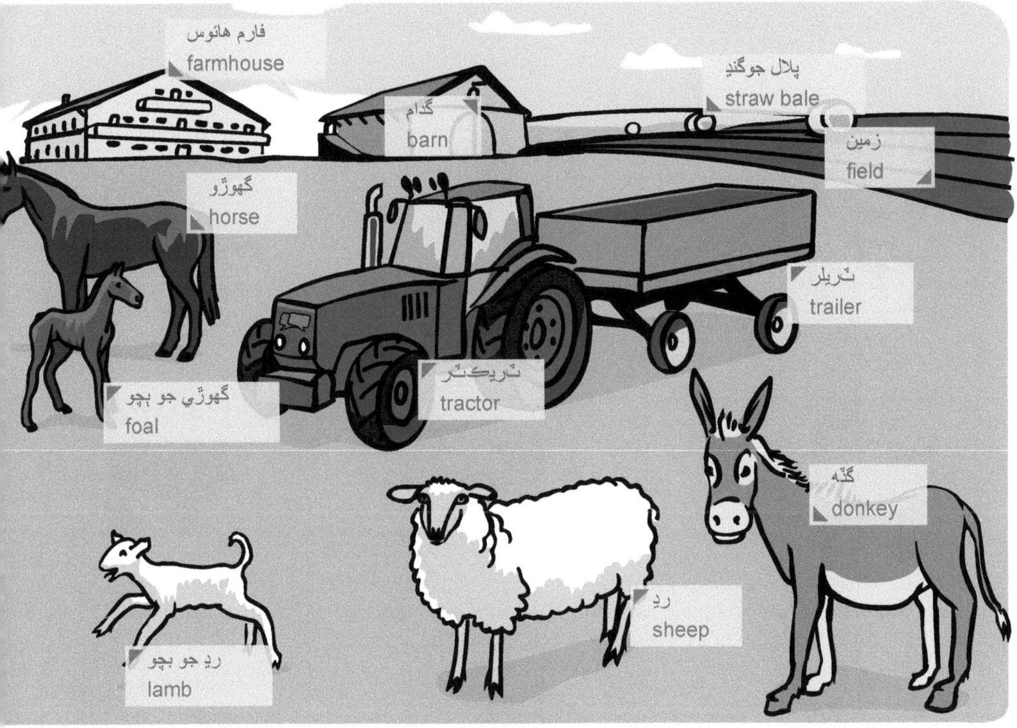

فارم هائوس
farmhouse
پلال جوگنڍ
straw bale
گدام
barn
زمين
field
گھوڙو
horse
ٽريلر
trailer
ٽريڪٽر
tractor
گھوڙي جو ٻچو
foal
گڏه
donkey
رڍ
sheep
رڍ جو ٻچو
lamb

ٻڪري

goat

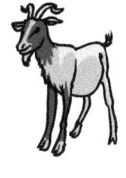

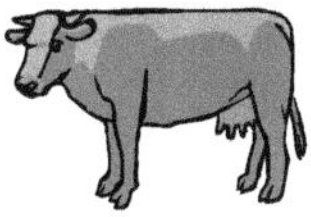

ڳئون

cow

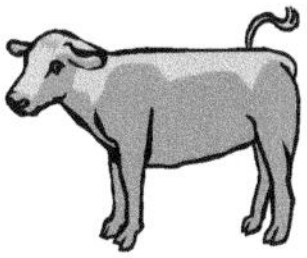

پاڏو

calf

سؤر

pig

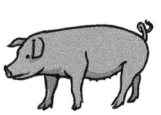

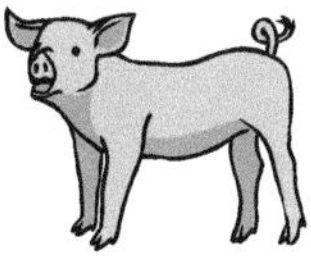

سؤر جو ٻچو

piglet

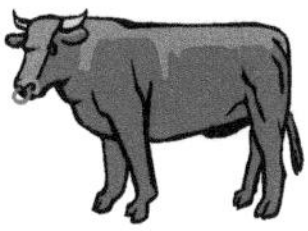

ڍڳو

bull

هنس

goose

بدڪ

duck

چوزا

chick

مرغي

hen

مرغو

cock

ڪوئو

rat

ٻلي

cat

ڪوئو

mouse

ڏاند

ox

ڪتو

dog

ڪتي جو گهر

doghouse

گاردن هوز

garden hose

پاڻي جو ڪين

watering can

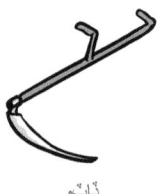

ڏاٽو

scythe

هر

plough

ڏاٽو

sickle

رنبو

hoe

ڏانداري

pitchfork

ڪھاڙو

axe

هٿ سان هلائڻ واري ريڙهي

wheelbarrow

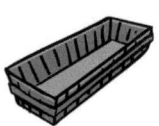

حوض

trough

ڪير جو ڏٻو

milk can

ڳوٿ

sack

لوڙهو

fence

اصطبل

stable

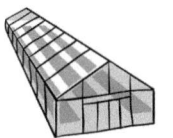

گرين هائوس

greenhouse

مٽِي

soil

ٻج

seed

فارم - farm

fertilizer

کاد

ڪمبائنڊ هارويسٽر

combine harvester

فصل ڪٿڻ

harvest

فصل ڪٿڻ

harvest

هڪ قسم جي ترڪاري

yams

ڪڻڪ

wheat

سويا

soy

پٽاٽو

potato

مڪاني

corn

توري جو بيج

rapeseed

ميون جو وڻ

fruit tree

ڪساوا

cassava

اناج

cereals

چمنی
chimney

چھت
roof

نكاسي جو پائپ
drainpipe

دري
window

گيراج
garage

دروازي جي گھنٹي
doorbell

دروازو
door

كچري جي ٽوكري
rubbish bin

لينٽر باكس
letterbox

باغ
garden

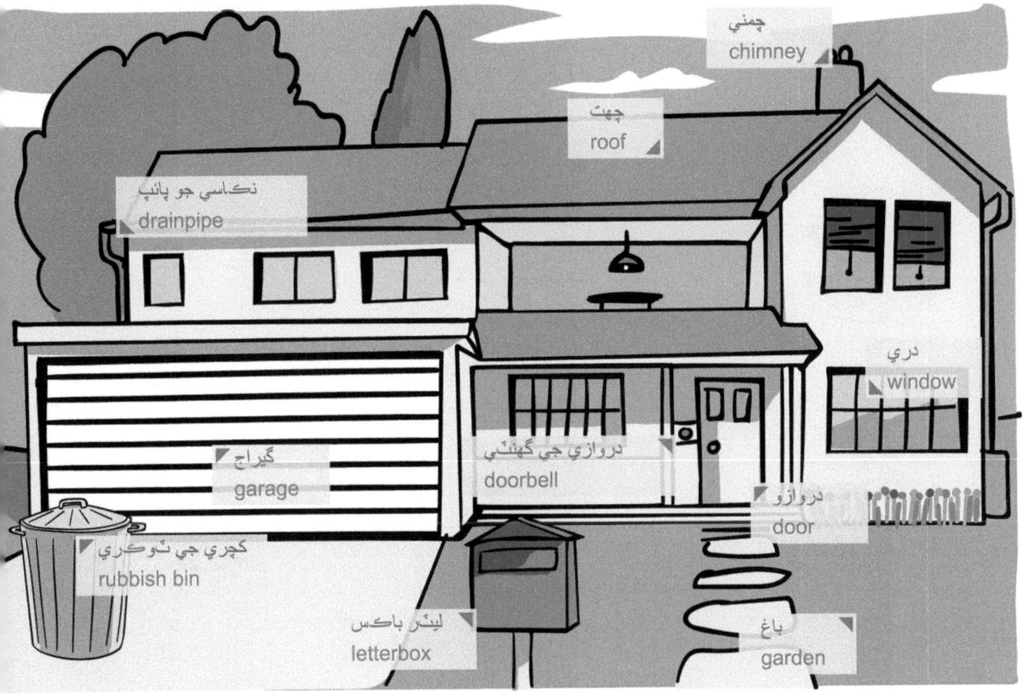

لوونگ روم
living room

غسل خانو
bathroom

باورچي خانو
kitchen

بيڊروم
bedroom

ٻارن جو كمرو
child's room

ڊائننگ روم
dining room

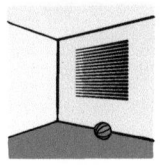

فرش

floor

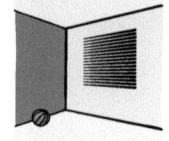

ديوار

wall

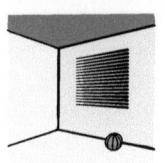

چهت

ceiling

تهخانو

cellar

ہاف وارو غسل

sauna

بالکوني

balcony

ٹيرس

terrace

تلاؤ

pool

گاه کٹڻ واري مشين

lawn mower

چادر

sheet

چادر

bedspread

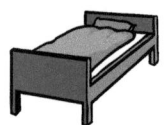

بيڊ

bed

جھاڙو

broom

بالٽي

bucket

سوئچ

switch

لوونگ روم
living room

وال پیپر
wallpaper
تصویر
picture
لیمپ
lamp
شیلف
shelf
الماري
cupboard
ټیلیویزن
television
باهوواري چمني
fireplace
گل
flower
کشن
cushion
صوفو
sofa
گلدان
vase
ریموټ کنټرول
remote control

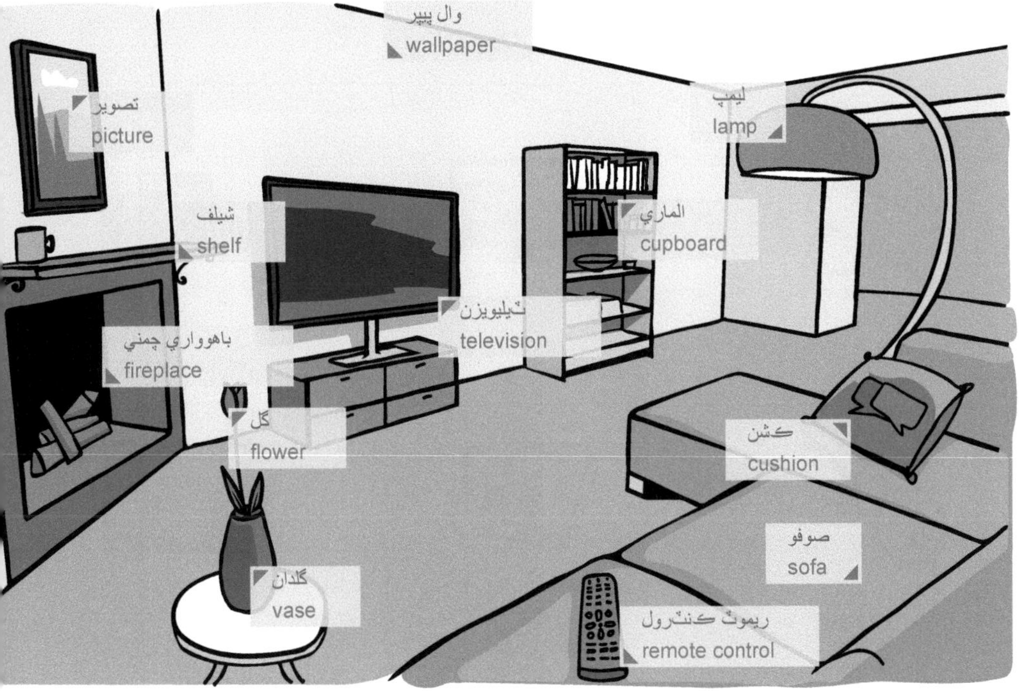

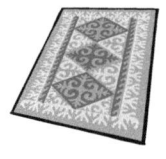

قالین

carpet

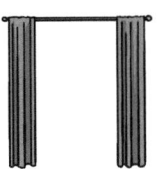

پردو

curtain

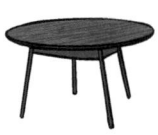

میز

table

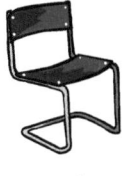

کرسي

chair

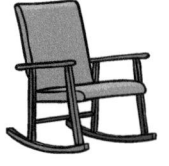

لڼ واري کرسي

rocking chair

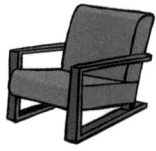

آرام کرسي

armchair

كتاب

book

كمبل

blanket

آرائش

decoration

پارٹ واريون كانيون

firewood

فلم

film

هائي فائي

hi-fi equipment

چاٻي

key

اخبار

newspaper

پينٽنگ

painting

پوسٹر

poster

ريڊيو

radio

نوٹ بک

notepad

ويكيوم كلينر

hoover

ٹوهر جو ٻوٽو

cactus

ميڻ بتي

candle

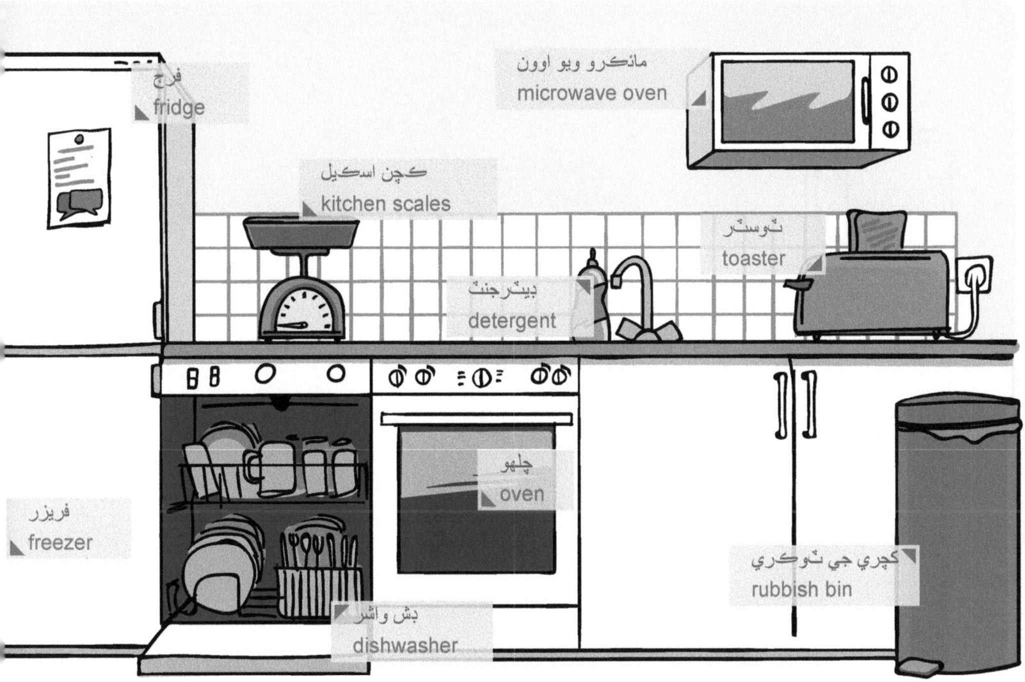

ماڪرو ويو اوون
microwave oven

فرج
fridge

ڪچن اسڪيل
kitchen scales

ٽوسٽر
toaster

ڊيٽرجنٽ
detergent

چلهو
oven

فريزر
freezer

ڪچري جي ٽوڪري
rubbish bin

ڊش واشر
dishwasher

ڪُڪر
cooker

ٿانوَ
pot

ڪاسٽ آئرن جا ٿانو
cast-iron pot

ڪڙهائي
wok / kadai

ترڙ وارو ٿانو
pan

ڪٽلي
kettle

اسٹیمر

steamer

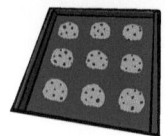

بیکنگ ٹری

baking tray

کراکري

crockery

مگ

mug

پیالو

bowl

چاپ اسٹکس

chopsticks

ڈوئي

ladle

ٹفئي

spatula

سبزي مکسر

whisk

چھائي

strainer

چھائي

sieve

کدو کش وارو اوزار

grater

اکري

mortar

بار بي کیو

barbecue

کليل باھ

open fire

سبزي ڪٽڻ وارو بورڊ

chopping board

ويلڻ

rolling pin

ڪارڪ اسڪريو

corkscrew

ڪين

can

ڪين اوپنر

can opener

ٽانوَ پڪڙڻ وارو ڪپڙو

pot holder

سنڪ

sink

برش

brush

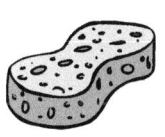

اسفنج

sponge

بلينڊر

blender

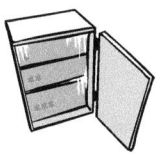

ڊيپ فريزر

deep freezer

بار جي بوتل

baby bottle

نل

tap

غسل خانو

bathroom

هيټنګ
heating
ټوال
towel
شاور
shower
شاور کرټين
shower curtain
ببل باټ
bubble bath
باټ ټب
bathtub
ګلاس
glass
واشنګ مشين
washing machine
ټائلز
tiles
نل
tap
پاټي
potty
سنک
sink

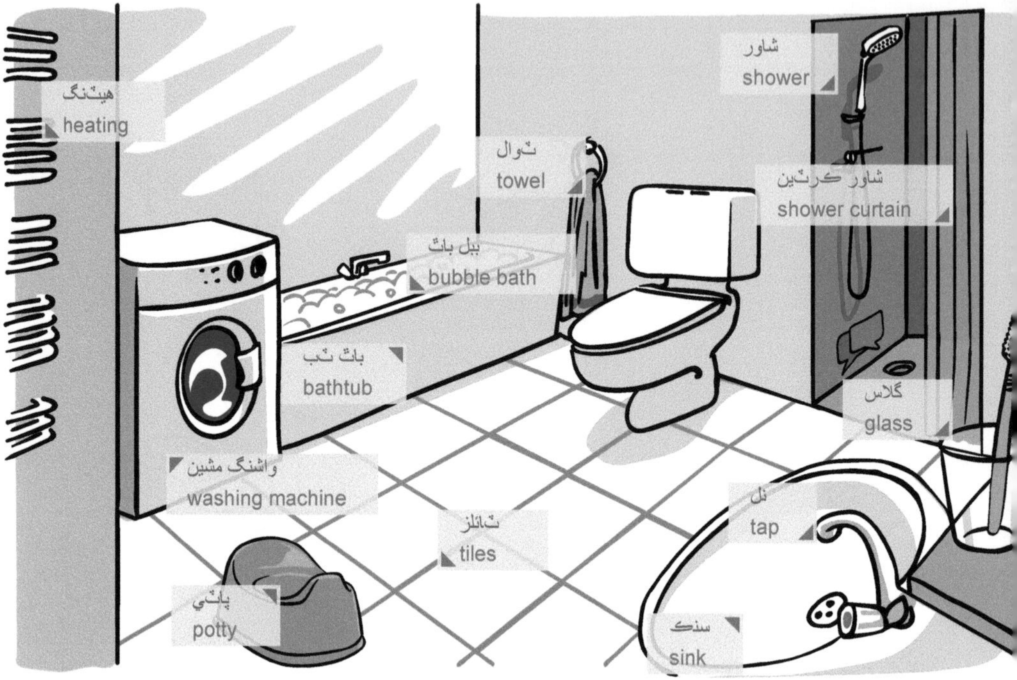

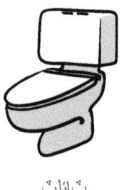

ټائلټ

toilet

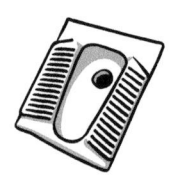

اوکړو ويهڼ وارو ټوائلټ

squat toilet

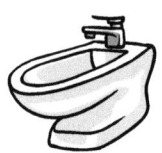

شرم ګاه ؤونڼ وارو ټب

bidet

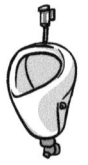

پيشاب ګاه

urinal

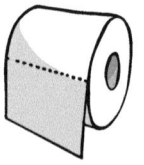

ټائلټ پيپر

toilet paper

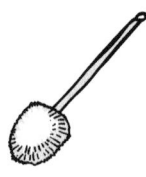

ټائلټ برش

toilet brush

ئوتە برش

toothbrush

ئوتە پیست

toothpaste

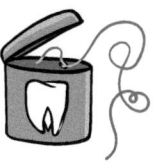

دینتل فلاس

dental floss

ۆونئ

wash

هیندد شاور

handheld shower

شاور

douche

بیک برش

basin

بیک برش

back brush

صابین

soap

شاور جیل

shower gel

شێمپو

shampoo

فلالین

flannel

درین

drain

كریم

cream

دیوۆرنت

deodorant

آئينو

mirror

هنَّ م پکړِڼ وارو آئينو

hand mirror

ريزر

razor

شيونگ فوم

shaving foam

أفتَر شيو

aftershave

غَڼی

comb

برش

brush

هيئر ډرائير

hair dryer

هيئر اسپري

hairspray

ميک اپ

makeup

سرخي

lipstick

نيل وارنش

nail varnish

کپه

cotton wool

نيل سيزر

nail scissors

پرفيوم

perfume

واش بيگ

washbag

اسٽول

stool

وزن ڪرڻ واري مشين

weighing scale

باٿ روب

bathrobe

ربڙ جا دستانا

rubber gloves

ٽيمپون

tampon

صفائي وارو ٽاول

sanitary towel

ڪيميائي ٽوائلٽ

chemical toilet

ٻارن جو ڪمرو
child's room

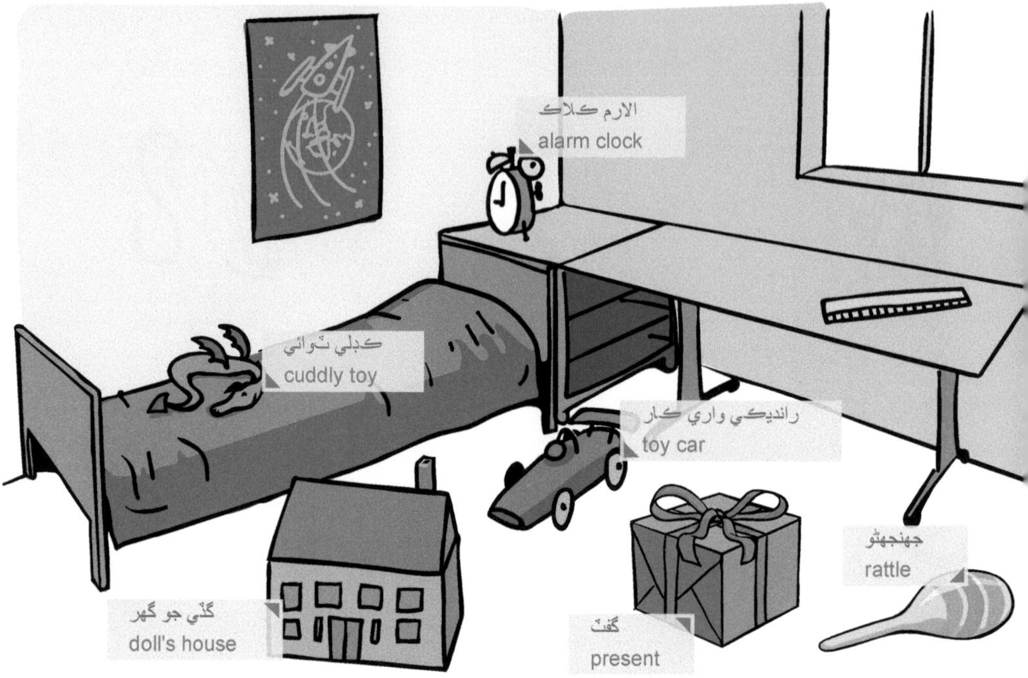

الارم ڪلاڪ
alarm clock
ڪبلي ٽوائي
cuddly toy
رانديڪي واري ڪار
toy car
جهنجهٽو
rattle
گڏي جو گهر
doll's house
گفٽ
present

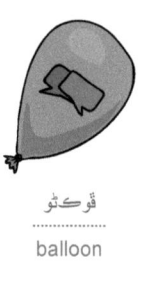

ڦوڪڻو
balloon

بيڊ
bed

ٻار جي ڳاڏي
pram

ڊيڪ آف ڪارڊز
deck of cards

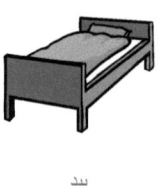

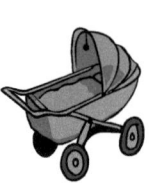

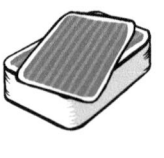

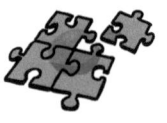

جگسا
jigsaw

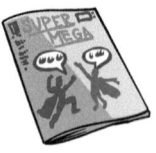

ڪامڪ
comic

ليگوبرڪس

lego bricks

رانديڪن وارا بلاڪس

building blocks

ايڪشن فگر

action figure

بيبي گرو

babygrow

فرسبي

frisbee

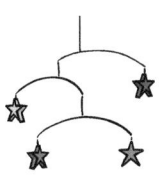

رانديڪي واري موبائل

mobile

بورڊ گيم

board game

چھڪو

dice

ماڊل ٽرين سيٽ

model train set

بارن جي چوسڻ واري نپل

dummy

پارٽي

party

تصوير واري ڪتاب

picture book

بال

ball

گڏي

doll

کيڏڻ

play

سينڊ پٽ

sandpit

جهولا

swing

راندڪا

toys

وڊيو گيم ڪنسول

video game console

ٽن ڦيٿن واري سائيڪل

tricycle

ٽيڊي بيئر

teddy bear

ڪپڙن جي الماري

wardrobe

لباس

clothing

جرابا

socks

اسٽاڪنگز

stockings

ٽائيٽس

tights

اسكارف
scarf

چَتّي
umbrella

بيلٹ
belt

نّي شرٹ
t-shirt

بوٹ
boots

چپل
slippers

جاگر شوز
trainers

سيندل
sandals

جوتا
shoes

ربّر جا بوٹ
rubber boots

اندرپينٹس
underpants

بريزر
bra

واسكٹ
vest

لباس - clothing   45

جسم

body

پتلون

trousers

جينز پينٽ

jeans

اسڪرٽ

skirt

چولو

blouse

قميض

shirt

جرسي

pullover

هوڊي

hoodie

بليزر

blazer

جيڪٽ

jacket

ڪوٽ

coat

بارش ۾ پائڻ وارو ڪوٽ

raincoat

پوشاڪ

costume

لباس

dress

شادي جو لباس

wedding dress

سوٽ

suit

نائٽ گاؤن

nightgown

پاجامو

pyjamas

ساڙي

sari

مٿي تي ٻڌل وارو اسڪارف

headscarf

پڳڙي

turban

برقعو

burqa

ڪفتان

kaftan

عبايو

abaya

تيراڪي جو لباس

swimsuit

چڊي

trunks

نيڪر

shorts

ٽريڪ سوٽ

tracksuit

اپرن

apron

دستانا

gloves

بَټڼ

button

چَشمو

glasses

بريسليټ

bracelet

هار

necklace

مُنډي

ring

واليون

earring

ټوپي

cap

کوټ هينگر

coat hanger

ټوپي

hat

نَائي

tie

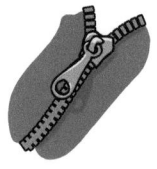

زپ

zip

هيلمټ

helmet

بريسز

braces

اسکول يونيفارم

school uniform

وردي

uniform

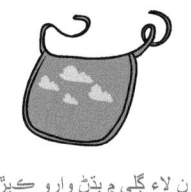

بارن لاء ڳلي ۾ ٻڌڻ وارو ڪپڙو

....

bib

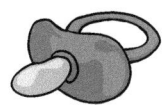

بارن جي چوسڻ واري نپل

....

dummy

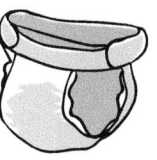

ڪڇو

....

nappy

آفس
office

سرور
server
فائلن جي الماري
filing cabinet
ڪاغذ
paper
پرنٽر
printer
مانيٽر
monitor
ماؤس
mouse
ميز
desk
فولڊر
folder
ڪي بورڊ
keyboard
ردي جي ٽوڪري
waste-paper basket
ڪمپيوٽر
computer
ڪافي مگ
chair

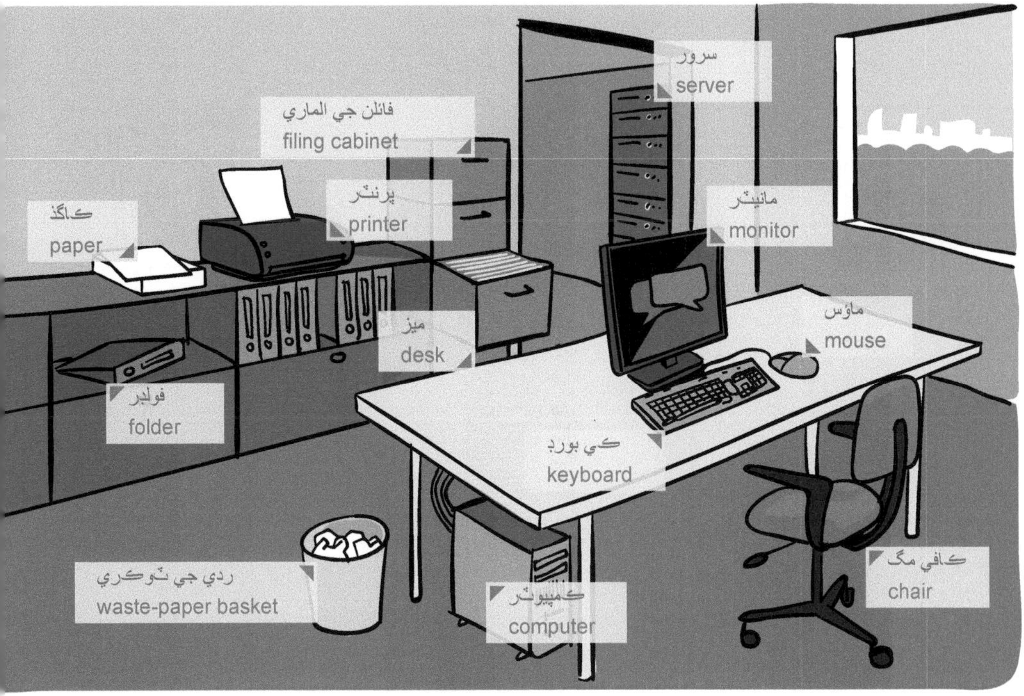

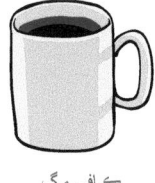

ڪافي مگ

....

coffee mug

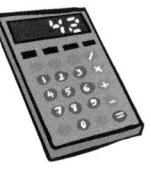

ڪيلڪيوليٽر

....

calculator

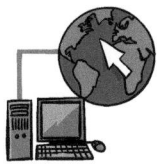

انٽرنيٽ

....

internet

لیپ ٹاپ

laptop

خط

letter

پیغام

message

موبائل

mobile

نیٹ ورک

network

فوٹو کاپی کرٹ واري مشين

photocopier

سافٹ ویئر

software

ٹیلي فون

telephone

پلگ ساکٹ

plug socket

فيکس مشين

fax machine

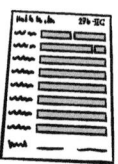

فارم

form

دستاویز

document

خرید کرنٹ

buy

ادا کرنٹ

pay

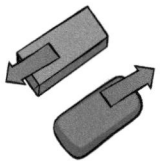

صاف کرنٹ

trade

پیسا

money

ڈالر

dollar

یورو

euro

بین

yen

روبل

rouble

سوئس فرانک

Swiss franc

رینمینبی یوآن

renminbi yuan

روپیو

rupee

کیش پوائنٹ

cashpoint

رقم تبدیل کرائے جی آفیس

bureau de change

سون

gold

چاندی

silver

خام تیل

oil

توانائی

energy

قیمت

price

معاہدہ

contract

ٹیکس

tax

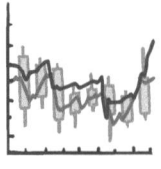

ذخیرہ

stock

کم کرنا

work

ملازم

employee

آجر

employer

فیکٹری

factory

دکان

shop

پیشو

occupations

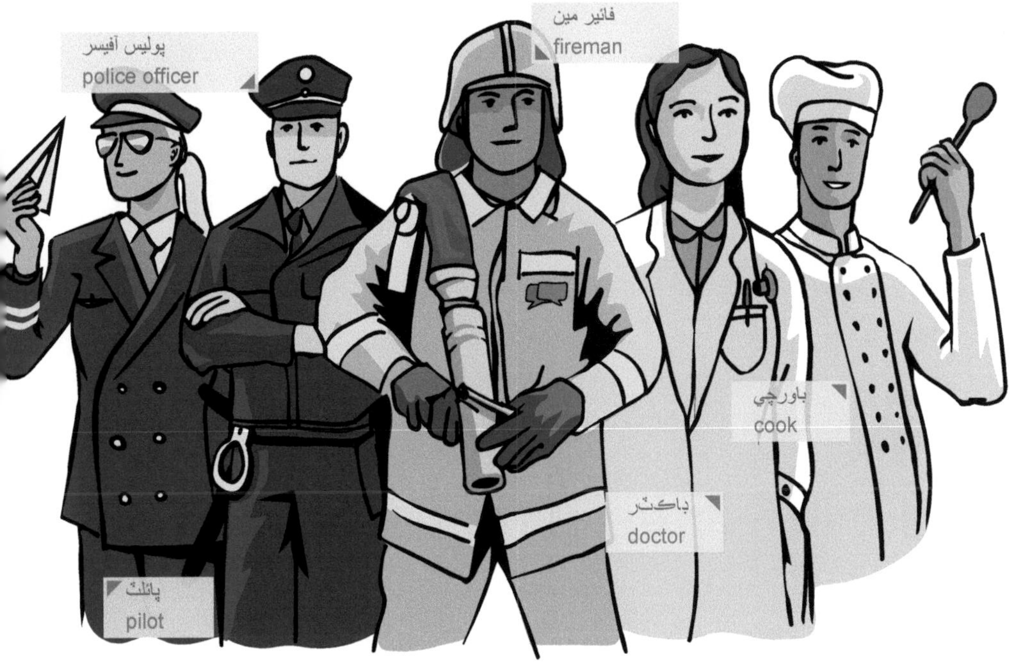
پولیس آفیسر
police officer
فائیر مین
fireman
باورچي
cook
ډاکټر
doctor
پائلټ
pilot

مالي

gardener

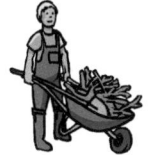

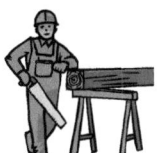

وایو

carpenter

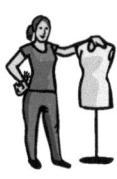

درزن

seamstress

جج

judge

کیمیسټ

chemist

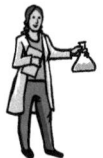

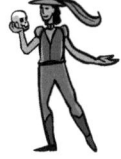

اداکار

actor

بس ڊرائيور

bus driver

ٽيڪسي ڊرائيور

taxi driver

مڇي مارڻ وارو

fisherman

صفائي ڪرڻ واري مائي

cleaning lady

ڇهت ٺاهڻ وارو

roofer

ويٽر

waiter

شڪاري

hunter

رنگ ساز

painter

نانوائي

baker

اليڪٽريشن

electrician

بلدر

builder

انجنيئر

engineer

ڪاسائي

butcher

پلمبر

plumber

پوسٽ مين

postman

سپاهي

soldier

آرکيټيکټ

architect

خزانچي

cashier

گل کپائنٹ وارو

florist

نائي

hairdresser

کنډیکټر

conductor

مکینک

mechanic

کپتان

captain

ډینټسټ

dentist

سائنسدان

scientist

یهودي عالم

rabbi

امام

imam

راهب

monk

پادري

clergyman

هنّوّرو
hammer

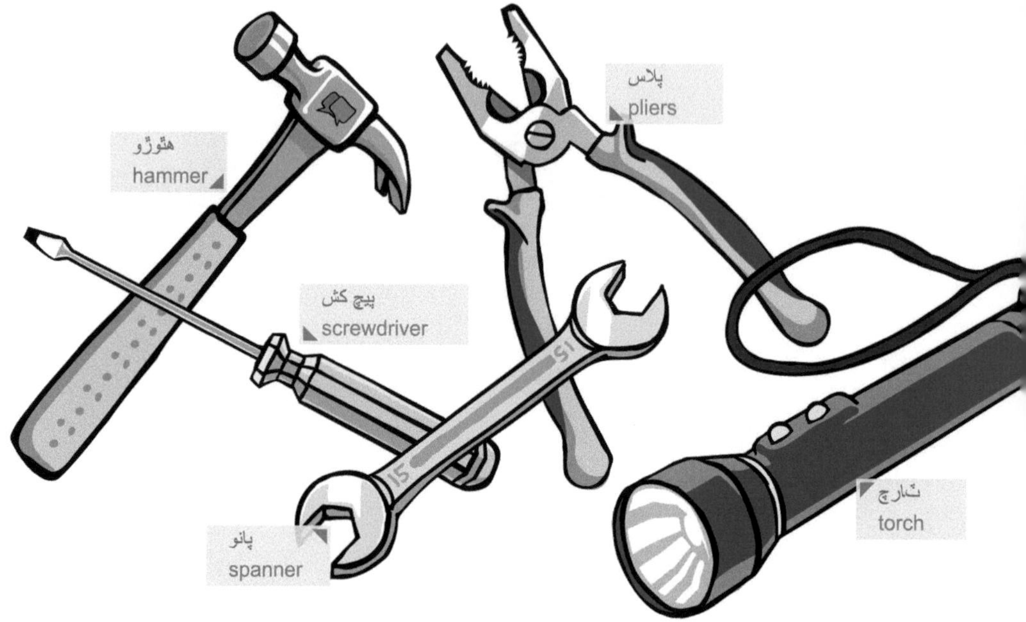

پلاس
pliers

پېچ کش
screwdriver

پانو
spanner

ټارچ
torch

ایکسکوینّر
digger

ټول باکس
toolbox

ناکن
ladder

آري
saw

کوکو
nails

برل
drill

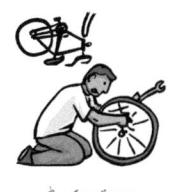

مرمت ڪرڻ

repair

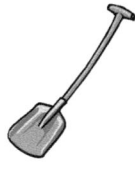

بيلچو

shovel

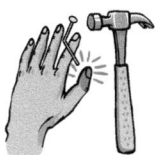

لعنت هجي!

Damn!

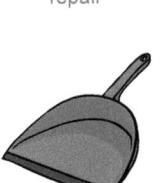

ڪچري دان

dustpan

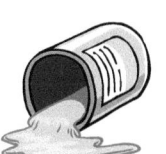

پينٽ وارو دٻو

paint pot

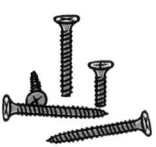

پيچ

screws

موسيقي جا اوزار

musical instruments

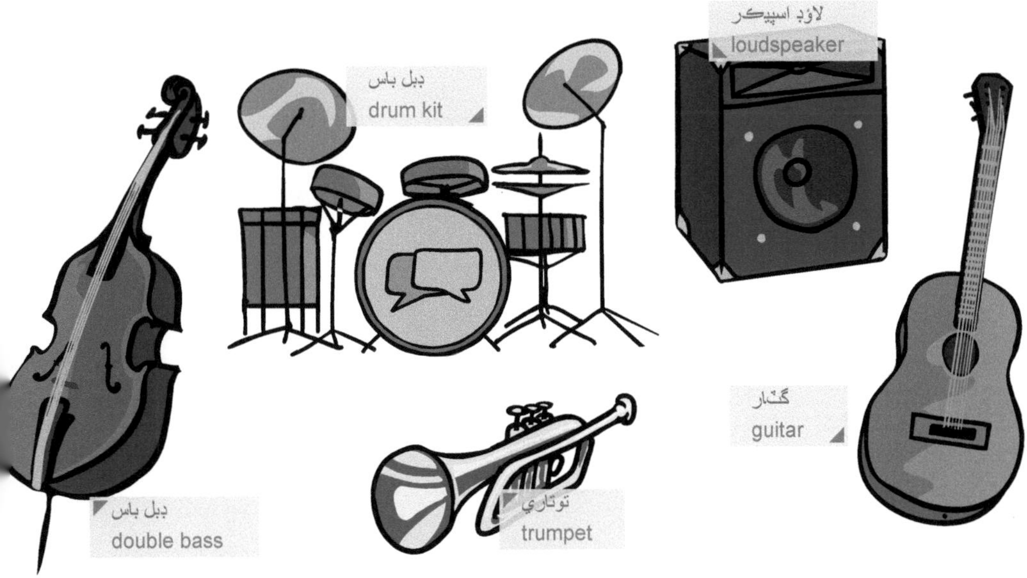
لاؤڊ اسپيڪر
loudspeaker
ڊبل باس
drum kit
گٽار
guitar
ڊبل باس
double bass
توتاري
trumpet

پيانو

piano

وائلن

violin

گٽار

bass

ٽمپاني

timpani

ڊرم

drums

ڪي بورڊ

keyboard

سيڪوفون

saxophone

بانسري

flute

مائيڪروفون

microphone

داخل ٿيڻ جو رستو
entrance

چيتا
tiger

پڃرو
cage

زيبرا
zebra

جانورن جي خوراک
animal feed

پانڊو
panda

جانور
animals

هاٿي
elephant

ڪينگرو
kangaroo

گينڊو
rhino

گوريلو
gorilla

رڇ
bear

اٺ

camel

شتر مرغ

ostrich

شينهن

lion

پولڙو

monkey

فليمنگو

flamingo

طوطو

parrot

برفاني رڇ

polar bear

ڪبوتر

penguin

شارڪ

shark

مور

peacock

نانگ

snake

واڱون

crocodile

چڙيا گهر جو محافظ

zookeeper

گرج مڇي

seal

چيتو

jaguar

ټټون

pony

چيتو

leopard

درياني ګهوړو

hippo

ځزراف

giraffe

باز

eagle

سونر

boar

مچي

fish

کمي

turtle

سامونډي ګهوړو

walrus

لومړۍ

fox

هرڼ

gazelle

أمريكن فوتبال
American football

سائكلنگ
cycling

تينس
tennis

باسكت بال
basketball

تيراكي
swimming

باكسنگ
boxing

أئس هاكي
ice hockey

فوتبال
football

بينڈمنتن
badminton

ايتهليتكس
athletics

هينڈ بال
handball

اسكيينگ
skiing

پولو
polo

سرگرميون

activities

ٽپو ڏيڻ
jump
ڀاڪر پائڻ
hug
کلڻ
laugh
هلڻ
walk
ڳانو ڳائڻ
sing
خواب ڏسڻ
dream
دعا ڪرڻ
pray
چمي ڏيڻ
kiss

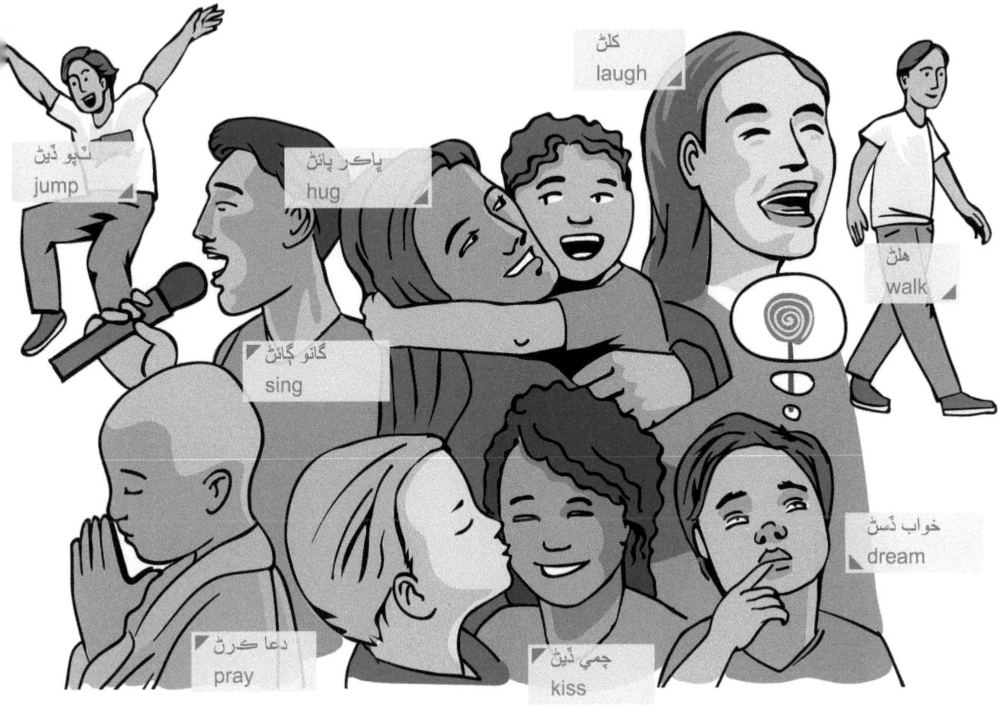

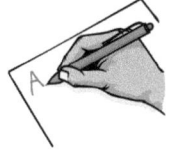

لکڻ

write

تصوير ڪشي ڪرڻ

draw

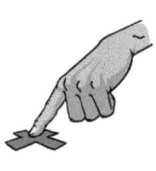

ڏيکارڻ

show

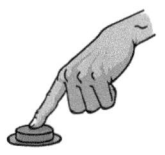

ڌڪو ڏيڻ

push

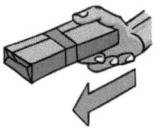

ڏيڻ

give

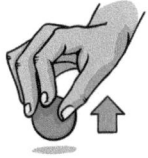

وٺڻ

take

رکھ

have

کرن

do

ٹین

be

بیھن

stand

یڄن

run

ڄکن

pull

اچلائٹ

throw

کرن

fall

کوڑ گالھائٹ

lie

اندظار کرن

wait

کٹی وجن

carry

ویھن

sit

تیار ٹین

get dressed

سمنھن

sleep

جاگن

wake up

ڏِسَڻ

look at

روئڻ

cry

ڏِک هَٿ

stroke

کَنگِي ڪَرڻ

comb

ڳالھائڻ

talk

سَمجهڻ

understand

پُڇڻ

ask

ٻُڌڻ

listen

پِيَڻ

drink

کائڻ

eat

صاف ڪَرڻ

tidy up

پِيار ڪَرڻ

love

پَچائڻ

cook

گاڏِي هلائڻ

drive

اُڏَرڻ

fly

بحري سفر کرنا

sail

حساب کرنا

calculate

پڑھنا

read

سکنا

learn

کام کرنا

work

شادي کرنا

marry

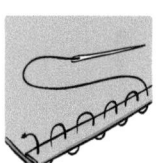

سینا

sew

دندن کي برش کرنا

brush teeth

قتل کرنا

kill

سگریٹ پينا

smoke

موکلنا

send

خاندان

family

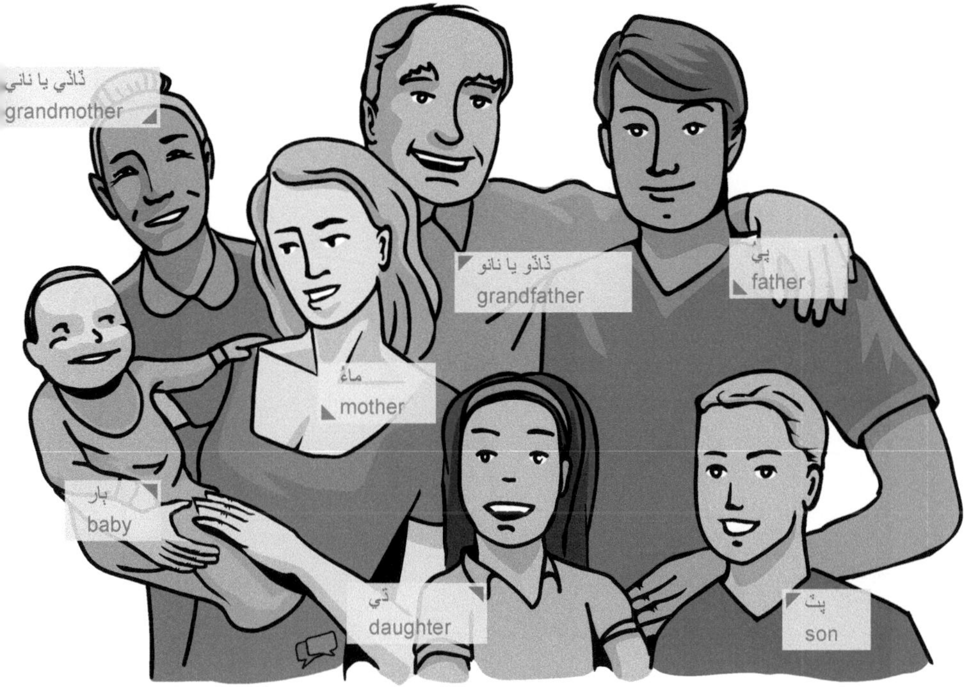
ڏاڏي يا ناني
grandmother
ڏاڏو يا نانو
grandfather
پيءُ
father
ماءُ
mother
ٻار
baby
ڌي
daughter
پٽ
son

مهمان

guest

چاچي

aunt

چاچو

uncle

ڀاءُ

brother

ڀيڻ

sister

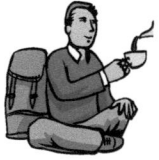

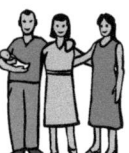

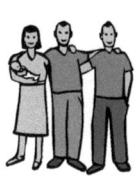

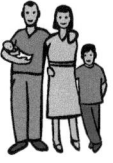

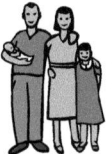

جسم

body

پيشاني
forehead
اک
eye
ڪلهو
shoulder
آڱر
finger
منهن
face
ڪاڏي
chin
هٿ
hand
ڇاتي
breast
ٽنگ
leg
ٻانهن
arm

ٻار
baby

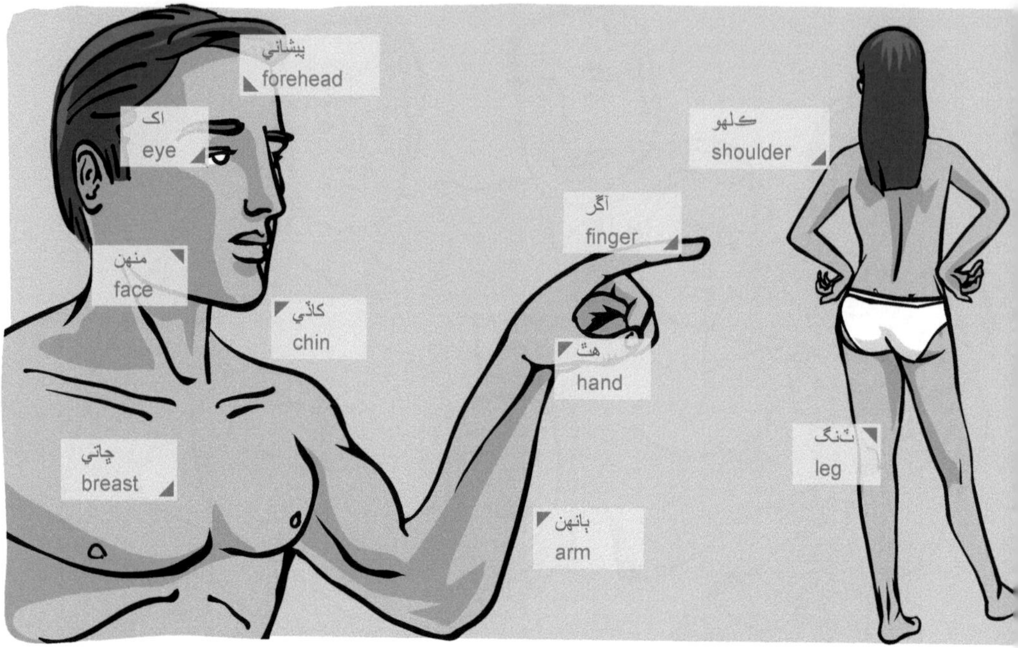

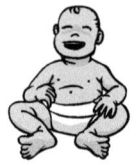

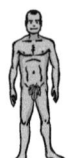

ماڻهون
man

عورت
woman

ڇوڪري
girl

ڇوڪرو
boy

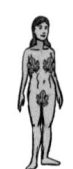

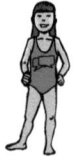

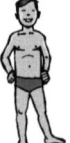

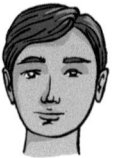

مٿو
head

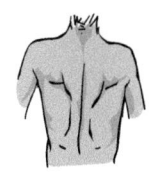

پُٺي

back

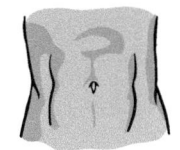

پيٽ

belly

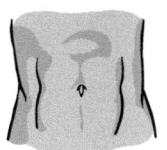

دن

belly button

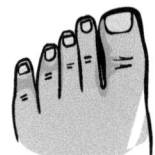

پير جو آڱوٺو

toe

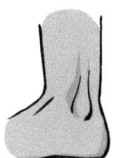

کڙي

heel

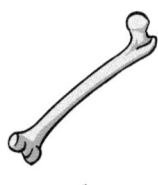

هڏي

bone

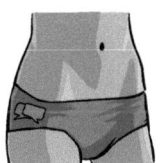

ٻنڍڻ

hip

گوڏو

knee

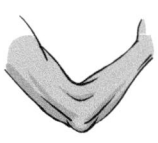

ٺونٺ

elbow

نڪ

nose

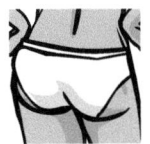

هيٺيون حصو

bottom

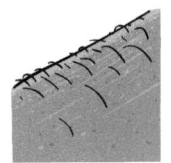

کل

skin

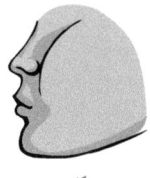

ڳل

cheek

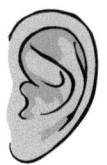

ڪن

ear

چپ

lip

جسم - body

69

وات
....
mouth

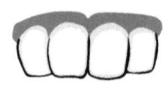

دَند
....
tooth

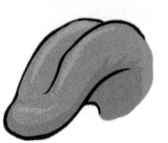

زبان
....
tongue

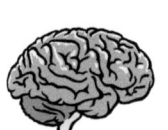

دماغ
....
brain

دل
....
heart

ڈورو
....
muscle

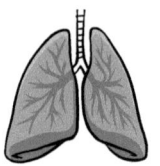

قفر
....
lung

جگر
....
liver

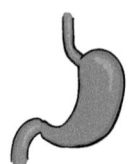

معدو
....
stomach

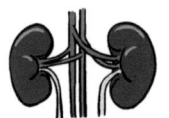

گردا
....
kidneys

جماع کرڈ
....
sex

کنڈوم
....
condom

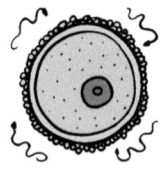

بیضہ
....
ovum

منی
....
semen

حمل
....
pregnancy

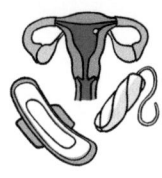

حيض
....
menstruation

هڇيداني جي نالي
....
vagina

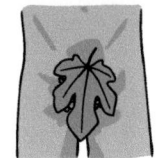

مردانو مخصوص عضوو
....
penis

پرون
....
eyebrow

وار
....
hair

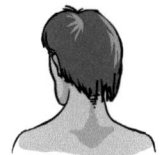

ڳچي
....
neck

اسپتال
hospital

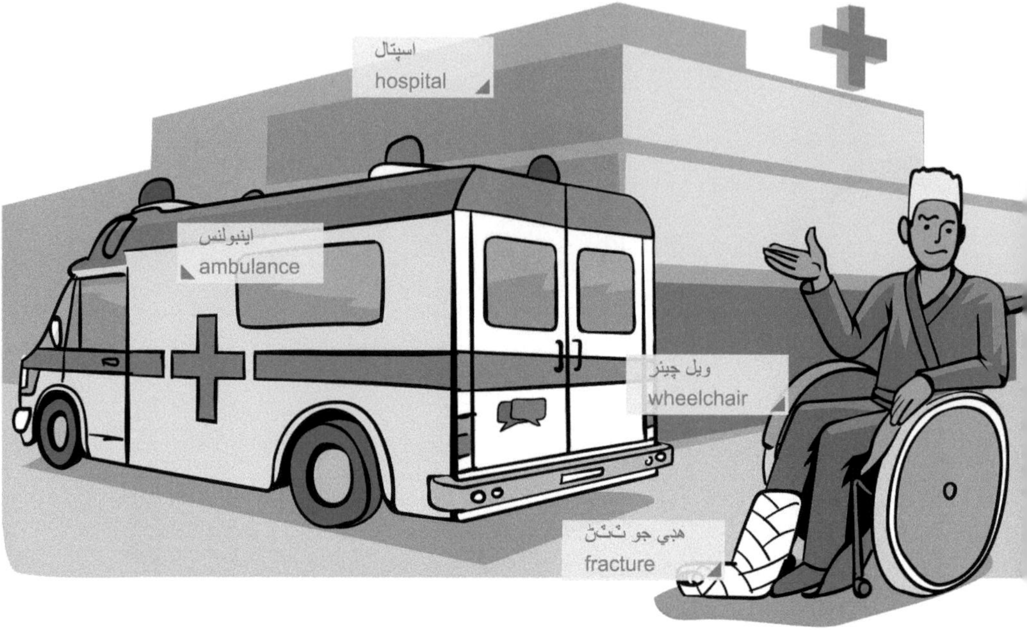

اسپتال
hospital
اينبولنس
ambulance
ويل چيئر
wheelchair
هڏي جو ٽٽڻ
fracture

ڊاڪٽر
....
doctor

هنگامي ڪمرو
....
emergency room

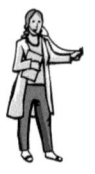

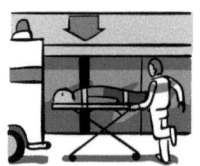

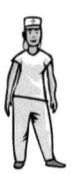

نرس
....
nurse

ايڪسري
....
emergency

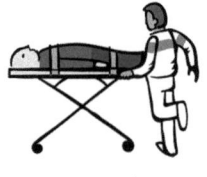

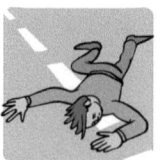

بيهوش
....
unconscious

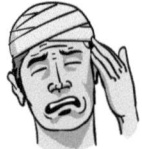

سور
....
pain

زخم

injury

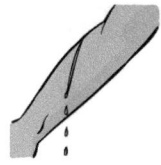

رت وهڻ

bleeding

دل جو دورو

heart attack

فالج

stroke

الرجي

allergy

کنگهه

cough

بخار

fever

زڪام

flu

دست

diarrhoea

مٿي جو سور

headache

ڪينسر

cancer

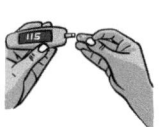

ذيابيطس

diabetes

سرجن

surgeon

جراحي بليڊ

scalpel

آپريشن

operation

سي ٽي

CT

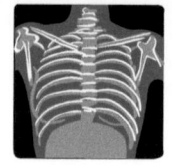

ايڪسري

x-ray

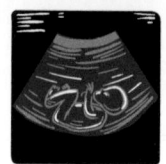

الٽراساؤنڊ

ultrasound

منهن جي ماسڪ

face mask

بيماري

disease

انتظار ڪرڻ جو ڪمرو

waiting room

بيساکھي

crutch

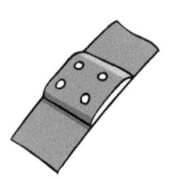

پالاسٽر

plaster

پٽي

bandage

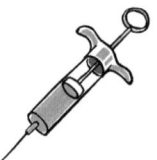

انجيڪشن

injection

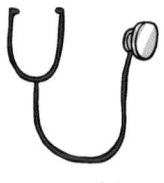

اسٽيٿوسڪوپ

stethoscope

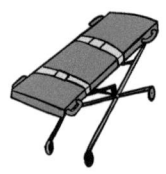

اسٽريچر

stretcher

ٿرماميٽر

clinical thermometer

پيدائش

birth

موٽاپو

overweight

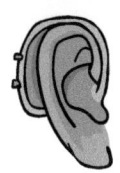

پټڼ واري ډېوائس

hearing aid

جراثيم کش

disinfectant

انفیکشن

infection

وائرس

virus

ایچ أئ وي / ایډز

HIV / AIDS

دوا

medicine

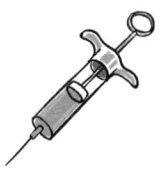

ویکسینیشن

vaccination

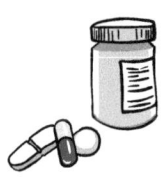

ټکي

tablets

ګوري

pill

هنگامي کال

emergency call

بلد پریشر مانیټر

blood pressure monitor

بیمار / صحت

ill / healthy

emergency

مدد

Help!

الارم

alarm

جسماني حملو ڪرڻ

assault

حملو ڪرڻ

attack

خطره

danger

هنگامي حالت ۾ نڪرن جو رستو

emergency exit

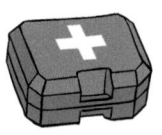

باه

Fire!

باه وسائڻ جو اوزار

fire extinguisher

حادثو

accident

ابتدائي طبي امداد

first-aid kit

ايس او ايس

SOS

پوليس

police

يورپ

Europe

اتر آمريكا

North America

ڈکّن آمريكا

South America

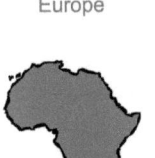

أفريقا

Africa

ايشيا

Asia

آسٹريليا

Australia

اٹلانٹک

Atlantic

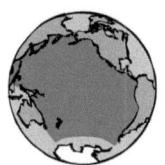

پيسفك

Pacific

بحر هند

Indian Ocean

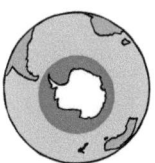

انٹارکٹک سمندر

Antarctic Ocean

آرکٹک سمندر

Arctic Ocean

اتر قطب

North Pole

ڈَکَن قطب

South Pole

انٹارکٹیکا

Antarctica

زمین

Earth

زمین

land

سمندر

sea

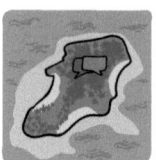

جزیرو

island

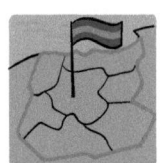

قوم

nation

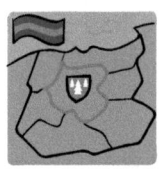

ریاست

state

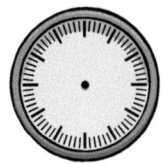

گهڙي جو سامهون حصو

clock face

کلاڪ واري سوئي

hour hand

منٽ واري سوئي

minute hand

سيڪندن واري سوئي

second hand

ٽائم گهٽو ٿيو آهي؟

What time is it?

ڏينهن

day

وقت

time

هاڻي

now

ڊجيٽل گهڙي

digital watch

منٽ

minute

کلاڪ

hour

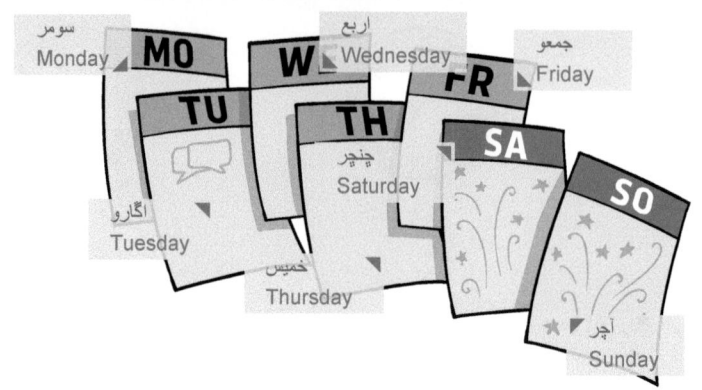

سومر / Monday — MO
اربع / Wednesday — W
جمعو / Friday — FR
TU
اگارو / Tuesday
TH
خميس / Thursday
چنڇر / Saturday
SA
SO
آچر / Sunday

كله

yesterday

اڄ

today

سياڻي

tomorrow

صبح

morning

منجهند

noon

شام

evening

MO	TU	WE	TH	FR	SA	SU
1	2	3	4	5	6	7
8	9	10	11	12	13	14
15	16	17	18	19	20	21
22	23	24	25	26	27	28
29	30	31	1	2	3	4

كاروباري ڏينهن

business days

MO	TU	WE	TH	FR	SA	SU
1	2	3	4	5	6	7
8	9	10	11	12	13	14
15	16	17	18	19	20	21
22	23	24	25	26	27	28
29	30	31	1	2	3	4

هفتي جو آخر

weekend

سال

year

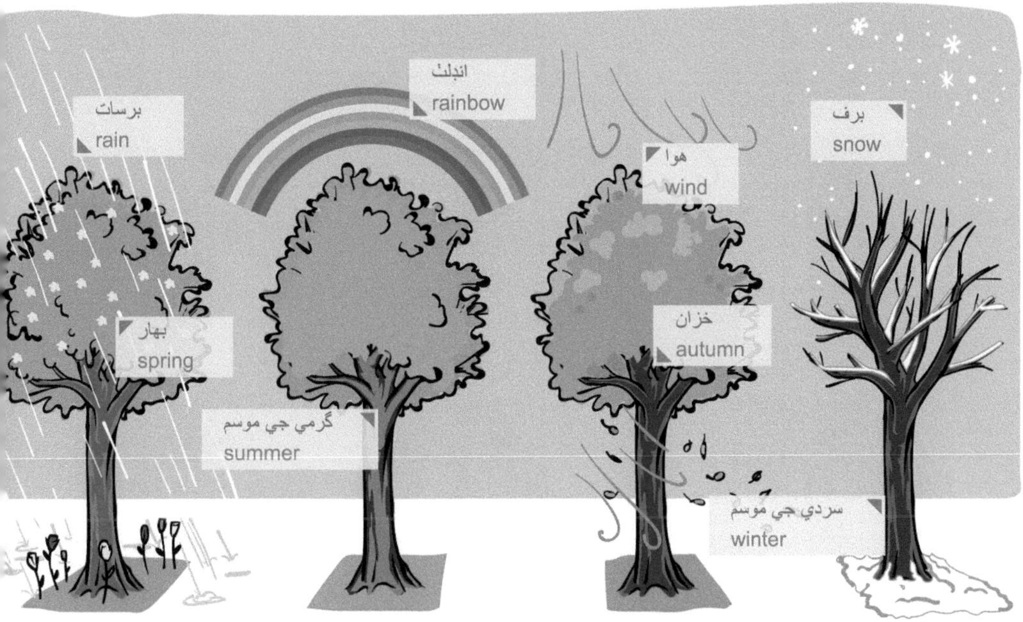

برسات
rain
انڊلٺ
rainbow
هوا
wind
برف
snow
بهار
spring
گرمي جي موسم
summer
خزان
autumn
سردي جي موسم
winter

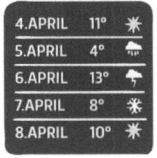

4.APRIL 11°
5.APRIL 4°
6.APRIL 13°
7.APRIL 8°
8.APRIL 10°

موسم جي پيشنگوهي

weather forecast

F
C
120
90
60
30
0
-30
40
30
20
10
0
-10
-20

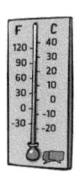

ٿرماميٽر

thermometer

اُس

sunshine

بادل

cloud

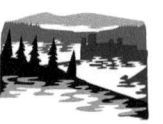

ڌنڌ

fog

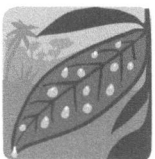

نمي

humidity

آسماني بجلي

lightning

ٿرماميٽر

thunder

طوفان

storm

ڳڙڙ جو مينھن

hail

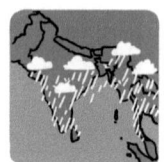

مون سون

monsoon

ٻوڏ

flood

برف

ice

جنوري

January

فيبروري

February

مارچ

March

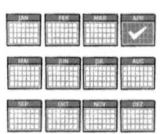

اپريل

April

مئي

May

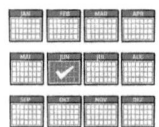

جون

June

جولاني

July

آگسٽ

August

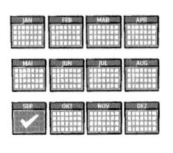

سيپټمبر
....
September

آکټوبر
....
October

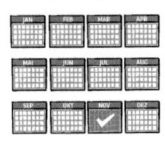

نومبر
....
November

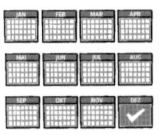

ډسمبر
....
December

دائرو
....
circle

چکور
....
square

مستطيل
....
rectangle

ننګندي
....
triangle

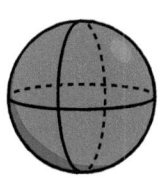

کره
....
sphere

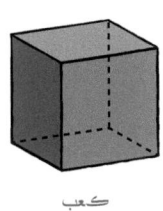

کعب
....
cube

اڇو
white

پيلو
yellow

نارنجي
orange

گلابي
pink

ڳاڙهو
red

جامني
purple

نيرو
blue

سائو
green

ناسي
brown

پورو
grey

ڪارو
black

گهڻو / ٿورو

a lot / a little

ناراض / پر سكون

angry / calm

خوبصورت / بدصورت

beautiful / ugly

شروعات / ختم

beginning / end

وڏو / ننڍو

big / small

روشني / اونده

bright / dark

ڀيڻ / ڀاءُ

brother / sister

صاف / خراب

clean / dirty

مكمل / نا مكمل

complete / incomplete

ڏينهن / رات

day / night

مرده / زنده

dead / alive

بگهو / تنگ

wide / narrow

کائن قابل نه هجڻ / کائن جي قابل هجن

....

edible / inedible

برو / سٺو

....

evil / kind

پرجوش / بوريت جوشڪار

....

excited / bored

موٽو / پتلو

....

fat / thin

پھريون / آخري

....

first / last

دوست / دشمن

....

friend / enemy

ڀريل / خالي

....

full / empty

سخت / نرم

....

hard / soft

ڳرو / هلڪو

....

heavy / light

بک / اڃ

....

hunger / thirst

بيمار / صحت

....

ill / healthy

غيرقانون / قانوني

....

illegal / legal

عقلمند / بيوقوف

....

intelligent / stupid

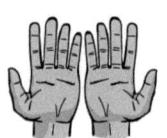

سڏو / ابٺو

....

left / right

ويجهي / پري

....

near / far

نئون / استعمال ٹيل

new / used

کجه به نه / کجه

nothing / something

پوڑهو / نوجوان

old / young

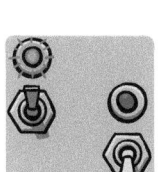

آن / آف

on / off

کليل / بند

open / closed

خاموش / بلند آواز سان

quiet / loud

امير / غريب

rich / poor

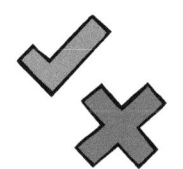

صحيح / غلط

right / wrong

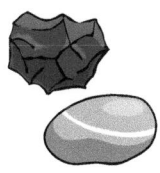

کهورو / لسو

rough / smooth

غمگين / خوش

sad / happy

مختصر / ڊگهو

short / long

آهسته / تيز

slow / fast

آلو / سڪل

wet / dry

گرم / ٿڌو

warm / cool

جنگ / امن

war / peace

numbers

0	**1**	**2**
زيرو	هک	به
zero	one	two
3	**4**	**5**
ٹّي	چار	پنج
three	four	five
6	**7**	**8**
چه	ست	اٹ
six	seven	eight
9	**10**	**11**
نوَ	ڈه	يارهن
nine	ten	eleven

12
بارهن
twelve

13
تیرهن
thirteen

14
چوڏهن
fourteen

15
پندرهن
fifteen

16
سورهن
sixteen

17
سترهن
seventeen

18
ارڙهن
eighteen

19
اوٽويه
nineteen

20
ويه
twenty

100
سو
hundred

1.000
هزار
thousand

1.000.000
ڏه لک
million

انگريزي

English

أمريكي انگريزي

American English

چيني ميندارن

Chinese Mandarin

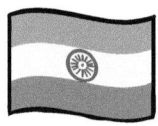

هندي

Hindi

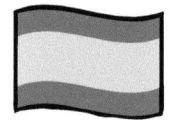

اندلسي بولي

Spanish

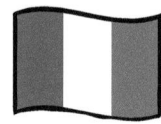

فرانسيسي

French

عربي

Arabic

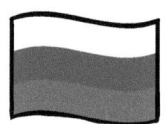

روسي

Russian

پرتگالي

Portuguese

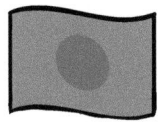

بنگالي

Bengali

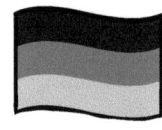

جرمن

German

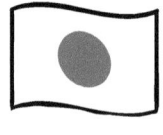

جاپاني

Japanese

مان

I

تون

you

هي چوكري/ هي چوكرو / هو

he / she / it

اسان

we

تون

you

هو

they

كير؟

who?

چا؟

what?

كيئن؟

how?

ڪٿي؟

where?

ڪڏهن؟

when?

نالو

name

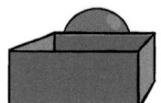

پويان

behind

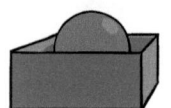

in

جي سامهون

in front of

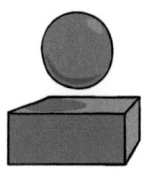

مٿي

over

تي

on

هيٺ

under

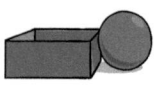

گڏ

beside

وچ م

between

جڳھ

place